वो यादें

सुंबुल साबरी

Copyright © Sumbul Sabri
All Rights Reserved.

This book has been published with all efforts taken to make the material error-free after the consent of the author. However, the author and the publisher do not assume and hereby disclaim any liability to any party for any loss, damage, or disruption caused by errors or omissions, whether such errors or omissions result from negligence, accident, or any other cause.

While every effort has been made to avoid any mistake or omission, this publication is being sold on the condition and understanding that neither the author nor the publishers or printers would be liable in any manner to any person by reason of any mistake or omission in this publication or for any action taken or omitted to be taken or advice rendered or accepted on the basis of this work. For any defect in printing or binding the publishers will be liable only to replace the defective copy by another copy of this work then available.

इस किताब को लिखने में मेरी बहन ने मेरी

बोहोत मदद की

और मेरी फैमिली ने हुमेशा

मुझे लिखने के लिये

सपोर्ट किया

इस कहनी को लिखने के लिये

मुझे बोहोत समय लगा

इस कहनी से मेरी काफी

यादें जुड़ी हैं

क्रम-सूची

प्रस्तावना

काश वो वक़्त
    कभी बीतता ही नहीं ,,
    जिसको हम सब ने साथ मिल कर जिया ,,
    मेरी हर चाय मेरे दोस्तों के बिना फीकी है \\

भूमिका

- <u>*सुल्तान: जिंदा दिल्ली से जीने वाला इन्सान*</u>

- <u>*कादिर: कभी खुशमिजाज तो कभी सीरियस*</u>

- <u>*सनम: बोहोत ज्यादाख्वाबों मे रहने वा ली*</u>

- <u>*श्रेया संगीन रहने वली लड़की*</u>

- <u>*वरुण :गजब parsenelity और हमेशा करियर की टेंशन मे*</u>

  <u>*रहने वाला बन्दा*</u>

- <u>*अभिजीत:बिचौलिया ,सब की लड़ाई में बिचौलिया बन जाता*</u>
- <u>*पूर्वी:मैक अप की दुकान ,पूर्वी फेशन के लिये कुछ भी करेगी*</u>
- <u>*नुपुर: दिल साफ*</u>
- <u>*विराट : बॉडी से लगाव लेकिन घुटनो मे दिमाग*</u>
- <u>*फिजा: कभी नेगेटिव तो कभी पोजिटिव*</u>

पावती (स्वीकृति)

'दिल्ली देश की धड़कन , दिल्ली दिल वालों की, दिल्ली पैसे वालों की ''

दिल्ली को ऐसे बोहोत नामो से जाना जाता हे ''वो चांदनी चोक की घिच्पिच वो

वो श्री प्रभू चाट भंडार की पानीपूरी

कम पैसो मे सामन की खरीदारी ''बाकी शहरों से बोहोत अलग हे दिल्ली

दिल्ली की वो हर शाम याद आती हे '

इस कहनी से आप्को आपना कॉलेज टाईम याद आजयेगा

वो दोस्तों के झगडे

वो अपना क्रश

टीचर को उंगली करना

और भी बोहॉत कुछ •••••••••••••••

आमुख

शाम के पहर में खिड़की की किनारी पर
चाय पीते हुए सूरज को डूबते हुये देखा तो सोचा
सच्ची दोस्ती को शब्दों में बयान किया जाए ॥

1

<u>पहला दिन</u>

- <u>10 बजे थे कोलेज के ग्राउंड में कुछ लोग घूम रहे हे कुछ किताबो को पढहने मे लगे हे कुछ अपने gf</u>

<u>Bf को मनाने मे लगे हे कुछ स्टूडेंट टीचर के लूक को देख कर हंस रहे हे तो कुछ स्टूडेंट अपने फ्यूचर की प्लानिंग करने मे लगे हे</u>

- <u>B A फ़र्स्ट ईयर के सभी 6 दोस्त ग्रुप बनाकर बेठहे हे</u>
- <u>कुछ देर की शन्ति के बाद वरुण ने अपनी चुप्पी तोडते हुए कहा</u>
- <u>वरुण : भाई बोहोत सन्नाटा लग रहा ह ..आज ग्रुप मे सब कुछ ठीक तो हे ना ?</u>

<u>''सामने से सुल्तान भगता हुआ आ रहा है ..</u>

- <u>श्रेय ने वरुं का जव्ब देते हुए और सुल्तान क8 तरफ देखते हुए कहा : देख इसलिये सन्नाटा था ग्रुप में आ गया अशांति</u>
- <u>कादिर : ये स्टुपिड भाग क्यू रहा ह ?</u>
- <u>श्रेया : जरूर कुछ काण्ड किया होगा इसने</u>

<u>'कादिरसुल्तान की तरफ दोबारा देखता हुआ बोला '' अरे इसके पीछे तो पूर्वी भी भाग रही हे ••••••••</u>

<u>जरूर इसने पूर्वी के साथ कुछ शरारत की होगी !!</u>

<u>''सुल्तान हांफता हुआ वरुण के पीछे छिपने लगा और बोला : यार मुझे बचा ले प्लीज</u>

ये भुतनी आज मुझे मार के खा जायेगी
सामने से पूर्वी भगती हुई आई और वरुण को हटते हुए बोली : वरुण ••हट्ट जा मेरे सामने से आज मे इसे मार कर ही दंम लुंगी
"इत्ने मे ही सनम सामने से भगती हुई आयी और हाँफते हुए बोली
"पूर्वी छोड यो मत इस कमीनो को ••••••••••

- श्रेया : अरे लेकिन ये तो बताओ की हुआ क्या हे ?

- वरुण : बेचारे के पीछे पढे हो तुम दोनो ?

- पूर्वी : ये कमीन आज मेरा हार्ट फैल करवा देता

- कादिर : वो कैसे ?

- पूर्वी : मै जब मेक अप कर रही थी तब इसने मेरे उप्पर नकली छिपकली डाल दी मेरे हाथ से मेरी मेक अप किट गिर गयी ••••••••

- फिजा : तू जानता हे ना सुल्तान पूर्वी की आत्मा उसकी मेक अप किट मे रहती हे •••

फिर भी तुने ऐसा किया उसके साथ बेचारी पूर्वी मर जाती तो

- फिजा की बात सुन कर सभी हसने लगे

- पूर्वी : बना लो मेरा मजाक " और वरुण को हट ते हुए सुल्तान को घुर्ते हुए बोली :जानवर कही का !!

- विराट : सनम तू क्यू मेरे दोस्त के पीछे पढी हे ? तेरे साथ क्या किया इसने ?

- सनम : नकली छिप्कली मेरी बुक मे रख दी इसने ••••••

- सुल्तान : अरे यार तुम तो ऐसे कर रहे हो जैसे मैने सांप छोड दिया तुम्हारे उप्पर ' बस भी करो अब

- *सनम : तुझे तो मे बाद मे बताऊंगी !!*

- *पूर्वी : मै भी !!*

- *अभि : अबे पीछे देखो सिंघम सर आ गये !!*

क्लास में मस्ती

- *"अभि ने हिस्ट्री टीचर को क्लास मे आते देख कहा "*

- *" सुल्तान सनम के बराबर मे बैठ गया सब ने सर को गुड मॉर्निंग बोला और शरीफ स्टूडेंट की*

की तरह अपनी अपनी सीट पर बैठ गये "
"सिंघम सर मतलब की विनोद सर जो की सव्भव से बोहोत ही अक्डू ह हिस्ट्रीके टीचर हे
विनोद सर का सिंघम नाम सुल्तान ने रखा क्यू की एक दिन विनोद सर ने सुल्तान की अछे से खबर ली थी "
"सुल्तान सनम से धीमी आवज मे बोला : बोर होने के लिये तेयार हो जा ..
सनम चिल्लाती हुई बोली : सर ••••••सुल्तान मेरे से कह रहे हैं की बोर होने के लिये तेयार हो जा
सर : आछा तो हमारे लेक्चर बोर करते हे आपको !!
सुल्तान : बडबडाते हुए बोला "सनम तुझे तो मे बाद मे बताऊंगा "
"और फिर अवाज ठीक करते हुए कहने लगा : नही सर मैने ऐसा कुछ नही कहा सनम झूठ बोल रही हे" सर मै किसी टीचर के बारे मे ऐसी बेहदा बात नही करता !!
सनम : ए••••••••••तुम झूठ क्यू बोल रहे हो
सर : चुप करो तुम दोनो "और तुम सुल्तान आज तो तुम्हारी अछे से क्लास लुन्गा
मै !!
क्लास शुरु हुई

- *टीचर ने सुल्तान की तरफ देखते हुए और घूर्ते हुए पूछा : tell me about Harappacivilization!!*

- *सुल्तान : Indus civilization, also called Indus valley civilization or Harappa civilization, the earliest known urban culture of the Indian subcontinent. The nuclear dates of the civilization appear to be about 2500–1700 bce, though the southern sites may have lasted later into the 2nd millennium bce.*

  The city is believed to have had as many as 23,500 residents and occupied about 150 hectares (370 acres) with clay brick houses at its greatest extent during the Mature Harappa phase (2600 BC – 1900 BC), which is considered large for its time

- *सर: tell me about some major points about Harappacivilization!!*
- *सुल्तान:*
- The Indus Valley civilisation existed from about 3200-1300 BC.
- The civilisation was discovered between 1921 and 1922. Archaeological ruins were found in what is now present-day Pakistan.
- It was the largest of the ancient civilisations, extending to over one million square kilometres!
- The Indus Valley civilisation is thought to be a Bronze Age civilisation.
- The people who lived in the Indus Valley mostly settled on the banks of the Indus river.
- The first farmers settled in the area in roughly 6500 BC. They grew crops and kept animals.
- From about 3200 BC, people began to form cities. These became known as the Indus Valley civilisation.
- The civilisation reached its peak in around 2600 BC. Cities, such as Harappa and Mohenjo-Dara, had been built and the population of the Indus Valley reached five million.

"सारे स्टूडेंट सुलतान की तरफ हेरत से देखने लगे क्यू की सुल्तान उंन लोगों मे से था जिन्हे बुक देखते हे नीन्द आने लगती हे "

"वरुण जो की सुल्तान की सिट के पीछे बैठा ह , धीमी आवज मे बोला : ये चमत्कार कब हुआ यार तू कब से पढाई करने लगा

सुल्तान : अरे यार बस ये मत पूंछ बोहॉत बडी बात हे इत्मीनान से बताऊंगी

"और सनम की तरफ देखते हुए बोला : कुछ लोग मुझ पर कुछ ज्यादा हे नज़र रख रहे हैं

"वरुण धीरे से हसने लगा !!

"क्लास चल रही है कुछ लोग पढाई मे इंटरेस्ट ले रहे हैं तो कुछ नही कुछ तो बैठे बैठे ही सो रहे हैं तो कुछ धीमी आवज में इधर उधर की बातें कर रहे हैं "इसी बीच सनम 'जो की अपना पुरा ध्यान टीचर के लअक्चुर

पर लगाये थी "उसके बैग पर असली छिपकली दिवार से नीचे गीर गयी

"जैसा की आप सब को पता हे लडकिया सांप से ना डरे लेकिन छिपकली से जरूर डरती हैं"

कुछ देर बाद सनम की नजर अपने बेग पर गयी

उसको लगा की ये सुल्तान की शरारत हे क्यू की सुबह हे तो उसने छिपकली वाला मजाक किया था

"सनम सुल्तान से धीमी आवज मे बोली : हटा ले इसको ••••••••••मुझे जरा भी दर न्ही लग रहा

हर वार बेवकूफ नहिं बनंगी मे !!

सुल्तान ने सनम की तरफ देखा और बोला : किसको हटा लू ?? और किस से डर नही लग रहा तुझे ??

- सनम ने उसके बेग पर बढी छिपकली को सुल्तान को दिखाते हुए कहा :इस को हटा ले मुझे जरा भी डर न्ही लग रहा !!

- सुल्तान :ओए ••••••••ये मैने नही रखी और दुसरी बात ये की येह छिपकली असली है !!

"इत्नी देर मे ही वो छिपकली चलने लगी "

- सनम : आआआआ•••••••••••••छिपकली •••••••••••••

"पूरी क्लास सनम की चीख सुन कर खडी हो गयी "

- *सर : बेटा क्या हुआ ?*

"सनम जल्दी से अपनी चेयर पर से उठी और बोली : सर छिपकली ह !!

- *सर : बेटा उप्पर से गिर गयी होगी !!*
- *सनम : अब मै यहा न्ही बैठउन्गी सर*
- *सर : बेटा अब तो वो चाली गयी होगी !!*
- *सनम : नही सर !! अगर वोवापस आ गयी तो ??*
- *सर : ठीक हे तुम पीछे जा कर बैठ जाओ*
- *सनम : ओके सर*

"सुल्तान धीमी आवज मे बोला तुम लोग ना सिर्फ देखने की मूरत होते हो दिल विल तो होता हे न्ही तुम लोग मे "

- *सनम ने सुल्तान को गुस्से से देखा और बैग उठा कर पीछे वली चेयर पर चली गयी "*

"क्लास खतम हुई और बाकी पीरियड खत्म होबे के बाद सभी दोस्त कॅंटटीन मे गये "

- *वरुण क्या क्या खओगे ??*
- *सुल्तान : मेरे लिये चाये ले आ*
- *विराट : भाई जो तू अपने लिये लाए वही मेरे लिये ले आइयो*
- *वरुण : हम तो गरीब इन्सान हे भाई •••••जो मिल जाता हे वही खा लेते हैं*
- *विराट : ओह आछा !!*
- *वरुण : गर्ल्स तुम लोग क्या खओगे*
- *पूर्वी : पेस्ट्री ऐण्ड कोल्ड ड्रिंक*
- *फिजा : समोसा*
- *सनम : चीप्स ऐण्ड कोल्ड ड्रिंक*
- *सुल्तान : यार एक तो तू हे हे इत्नी भारी इत्नी भारी चीज क्यू खा रही हे ?*

"सब हसने लगे "

- _सनम: बात मत कर मेरे से ••••••••समझा!!_

- _सुल्तान : अब क्या किया मैने_

- _सनम : तुझे सब पता हे तुने क्या किया हे !!_

- _सुल्तान : अरे मुझे नही पता भाई_

- _सनम : जाने दे_

- _सुल्तान : क्या जाने दं ??_

- _अभि : अरे बस करो यार कितना लढ़ोगे_

- _विराट : लो आ गये बिचौलिया बीच में_

- _अभि : अरे यार भूख लग रही ह मै तो जा रहा हुँ कुछ खाने "सुबह वैसे हे नाश्ता नही किया मेने !!_

- _कादिर : नुपुर और श्रेया "तुम दोनो की बोलती को क्या सदमा पढा हे ?_

- _श्रेया : मुझे भूख नही है_

- _नुपुर : मुझे भी_

- _वरुण : ओह ••••••आज सोमवार हे_

मतलब तुम दोनो पागलों ने अछे पती के लिये सोमवार का व्रत रखा होगा

- _सुल्तान : हा हा हा "अभी तो खुद व्रत रख रही है जब शादी हो जायेगी ना तो अप्बे हस्बैंड को व्रत रखवयेईंगी क्यू की दोनो को ही आछा खाना बनाना न्ही आता_

- नुपुर और श्रेया : चुप कर ओके

- श्रेया : तू ना मेरा मुह मत खुलवा सुल्तान नहीं तो सबके सामने तेरी बात बता दंगी

- नुपुर : हा बता दे तभी इसकी अकाल ठीकाने आयेगी !!

- सनम को छोड कर सब बोले : हमें तो पता हे

- सनम : मुझे भी बता दो कोनसी बात ??

- सुल्तान : ज्यादा मत सोच
- सनम : मुझे भी तो बताओ

- सुल्तान : बाद मे बताऊंगा ओके

- वरुण खाने के लिये सामान लेने जाने लगा "

- सनम : रुख जा : मै भी आ रही हू

"अभि ' वरुण ' और सनम चले गये "
कादिर : सुल्तान तू सनम को अपनी फीलिंग्स के बारे में कब बतायेगा यार ??
सुल्तान : अभी सही टाईम न्ही ह

- कादिर : कब सर तरि यही बात सुनता आ रहा हुँ स्कूल मे भी यही कहता था तू सही टाईम आने पर सब बता दंगा सनम को

- विराट : भाई और कित्ना वक़्त चाहिये तुझे ?

- सुल्तान : तू ज्यादा ना सोच अपनी बॉडी पे ध्यान दे

"अपना आई शैडो लगाते हुए बोली : अब तो प्रोपोसे कर ही दे कही ऐसा ना हो की वो किसी और की हो जाये और तू वेट कारता रह जाये "

फिजा खामोश बैठी हे कहिं ना कही उसके दिल मे कुछ बाते हे जिसे वो कीसी को भी न्ही बताती

- सुल्तान : फिजा तू कैसे खामोश बैठी हे ?

- कादिर : सुल्तान तू पहले हमारी बातों का जवाब दे

- सुल्तान :भाई परेशान मत कर सही वक़्त देख कर कह दूंगा उससे अपने दिल की बात

- नुपुर : हम्म्म देखते हे

-

" फिजा जब 9 क्लास मे थी तब वो सुल्तान के स्कूल मे आयी बस तभी से ये सभी दोस्त बन गये
सिर्फ दोस्त ही नही बल्कि पक्के दोस्त फिजा सब को अपना दोस्त मानती ह लेकिन सुल्तान के लिये उसके दिल मे कुछ अलग हे फीलिंग है वो जानती है की सुल्तान सनम को चहता हे इसलिये अब तक उसने सुल्तान को अपने दिल की बात नही बताई लेकिन जब भी सुल्तान सनम के बारे मे बात करता तो फिजा को बोहोत बुरा लगता "

- फिजा उठ कर क्लास मे जाने लगी तो सुल्तान ने आवज दी अरे कहा जा रही ह फिजा लुन्च न्ही करना ??
- फिजा : हा अभी आ रही हू कुछ काम हे

"नुपुर जानती थी की फिजा के दिल मे क्या हे लेकिन उसने ये बात फिजा के सामने जाहिर न्ही होने दी"नुपुर फिजा के पीछे जाने लागी
कादिर : अब तू कहा जा रही ह ?

- नुपुरः बेग मे से पैसे ले कर आती हू !!

- फिजा क्लास मे आ कर बैठ गयी नुलुर उसके बराबर मे आ कर बैठ गयी "

- *नुपुर: क्या हुआ ?*

- *फिजा : कुछ न्ही*

- *नुपुर : कुछ तो*

- *फिजा : नही यार कुछ भी न्ही हुआ*

- *नुपुर: यार कब तक अपने अन्दरइस फीलिंग को रखेगी और रोती रहेगी*

"फिजा रोते हुये बोली : उसे मेरी फीलिंग्स समझ नही आती क्या ?
क्या वो मेरी खामोशी समझ नही सक्ता
मै तो उसकी खामोशी को एक मिनट मे समझ जाती हू
और वो 4 सालों मे भी मेरी खामोशी नही समझ सका
मेरी फीलिंग्स नहीं समझ सका ••••••
"नुपुर ने फिजा के आंसू साफ करते हुए कहा : देखना बोहोत जल्द तेरी
फीलिंग्स समझ आयेगी उसको
"तभी श्रेया : क्लस्स मे आयी और बोली : तुम दोनो यहा क्या कर रही हो ?
चलो ••••••••हम सब कैंट टीन मे वेट कर रहे हे तुम दोनो का
फिजा : हा चलो

- *श्रेया : एवरीथिंग इस ओके ?*

- *फिजा : हा*

"सब लोगों ने लंच किया"
"दोस्ती तो सभी करते हैं लेकिन कुछ दोस्ती जान से भी प्यारी होती हे दोस्ती
औकात देख कर नही की जाती और जो दोस्त तुम्हारे लिये कुछ भी करने को तेयार
हो जाये उसे कहते है सच्चा दोस्त
यू तो ये सभी एक दुसरे पर जान छिड़क्ते थे लेकिन एक दिन वो भी आया जब
पूर्वी ने सुल्तान
को अपना दुश्मन बना लिया और सुल्तान ने पूर्वी को आखिर ये सब कैसे हुआ
ये जानने के लिये आगे पढिए ••••••••••••••••••!!

<u>*सुल्तान और पूर्वी की लडाई*</u>

- <u>*मंडे का दिन हे कुछ अलग बात होती हे "कोलेज का माहोल बिल्कुल सामनेय ह*</u>
- <u>*वरुण और श्रेया को छोड कर सभी दोस्त कोलेज आ गये*</u>
- <u>*जब 5 मिनट उप्पर हो गये तो वरुण भी अपनी बाइक से आता हुआ दिखा*</u>
- <u>*उसके कुछ मिनट बाद श्रेया भी आ गयी*</u>

- <u>*वरुण : यार भूख लगी ह बोहोत*</u>

- <u>*श्रेया : नाश्ता नही कर के आया*</u>

- <u>*वरुण : आहाँ " किया था बट फिर से भूख लगी हे*</u>

- <u>*कादिर : हम्म मुझे भी*</u>

- <u>*सनम : चलो केंट टिन चलते हे कुछ खा पी कर आते हे . वैसे भी पिरियड शुरु होने मे अभी 15 मिनट बाकी हे*</u>

- <u>*सुल्तान: वाई नोट " चलो चलते हैं*</u>

- <u>*कादिर ने विराट से धीमी आवज मे कहा : देख कैसे फौरन तेयार हो गया*</u>

- <u>*विराट : मजनू हे एक नम्ब्रर का !!*</u>

- <u>*फिजा : तुम लोग जाओ मुझे नही जाना*</u>

- <u>*सुल्तान : क्यू*</u>

- <u>*वरुण : चल ना*</u>

- <u>*नूपुर: ड्रामा मत कर*</u>

- *फिजा : मुझे नही जाना*

- *श्रेया : यही ले आऊं कुछ तेरे लिये ?*

- *सुल्तान : नही चलेंगे तो सब साथ मे*

कादिर : चल ना यार क्यू इतना झ्रामा कर रही है
फिजा : चलो ठीक है !! आ रही हुँ
"सब लोग कैंटटिन पोहॉंचे और ग्रुप बना कर बैठ गये " सबने अपनी पसंद की चीजें ली और खाना शुरु किया

- *सुल्तान : यार जब हमारा कॉलेज कमपलिट हो जायेगा और हम अलग अलग जगह जॉब पर होन्गे*
- *हम एक दुसरे को कितना मिस्स करेंगे*

- *वरुण : मै तुम सब को कहिं दूर जाने है नही दूंगा*

- *कादिर : मै तो चहता हू हमारा कॉलेज हमेशा चलता रहे*

- *विराट : तू क्या अलग लेवल की डीग्री लेगा लाइफ टाईम पढ के*

- *श्रेया हस्ते हुए : लग तो कुछ ऐसा हे रहा ह*

- *फिजा : हम ये टाईम हमेशा याद करेंगे " और खासतौर पर कुछ लोगों को तो बोहोत ही ज्यादा*

- *नुपूर: उन खास लोगो मे कोन कॉन है ?*

- *सुल्तान : कोई तो होगा " क्या उन खस लोगो मे मे नही हुँ ?*

- *फिजा ने दिल मे कहा : सबसे पहला नाम तो तेरा ही हे*

- *सुल्तान : बोल ना*

- *फिजा : उन खास लोगो मे तुम सब ही हो लेकिन कुछ ज्यादा खास है जिनका नाम नही बताऊंगी मै*

- *वरुण : यार कही तू किसी से लव शव तो नही कर बैठी " बता कोन हे वो हमारा कलस्स मेट*

ह क्या ?

- *पूर्वी : सुल्तान तू बेवजह के टोपिक क्यू छेडता ह*
-
- *सुल्तान : मतलब ?*

- *पूर्वी : मतलब ये की इन्सान की ना कुछ प्राईवेसी भी होती ह*
-

- *सुल्तान : हमसे क्या पृवेसी रखेगी वो हम तो दोस्त ह उसके*
-
- *"पूर्वी ने सैंड़िवच का बाइट तोडते हुए कहा "*

- *दोस्त होने का मतलब ये तो बिल्कुल नही ह की हम अपने दिल की सारी बाते दोस्तो मे शेयर कर दें*

- *सुल्तानः दोस्त होने का मतलब ये ह की हम अपनी सरि बात दोस्तो के साथ शेयर करे अपने दिल मे कली भी बात ना रखें अछि हो या बुरी सब बात अपने दोस्तो को बताये ● ● ● ● ● ● ● ● ● ● ● ● ●*

- *" अभि कॉफी का एक सिप लेते हुये बोला : यार तुम लड़ रहे हो या बाते कर रहे हो ?*

- *वरुण : आई थिंक की ये लड़ रहे हैं*

- *फिजा : देखो ऐसा कुछ भी नही है अगर मेरे दिल मे कोई होता तो मै बता देती मेरी लाइफ मे कोई नही ह*

- पूर्वी ने सुल्तान की तरफ देखा और कहा : कुछ लोग तो च्विंगम की तरह बात को खींचते हैं

- सुल्तान : और कुछ लोग तो होते ही च्विंगम हैं

- पूर्वी : मै च्विंगम हुँ

- सूलटां : हांजी

- पूर्वी : वैसे च्विंगम मे नही तू ह और किस से चिपक्ता ह ये सभी जानते हे
-

- सुल्तान गुस्से मे बोला : डॉंट क्रॉस यौर लिमिट

- अभि : यार प्लीज ‧‧‧‧‧‧‧‧○ लड क्यू रहे हो तुम दोनो

पूर्वी : लिमिट मै नही बल्कि तुम क्रॉस कर रहे हो मेरे को बार बार च्विंगम च्विन्गम
बोल के !!

- सुल्तान : ओह प्लीज चुप हो जा मै तुझ्से बात नही करना चहता

- पूर्वी : तो तुझ्से कोन बात करना चहता ह ??

- वरुण : ओह भाई ‧‧‧‧‧‧‧‧‧‧‧ चुप हो जाओ प्लीज पिरियड शुरु होने वाला ह !!

- कादिर : इन्हे से लडने फुर्सत मिले तभी तो क्लास मे जयेईंगे

"सब क्लास मे गये और वो दिन ऐसे ही खत्म हो गया यूं तो हर दोस्ती मे लडाई होती ह लेकिन जब लडाई हद से आगे बढ जाती ह तब दोस्ती टूटने का खतरा बढ जाता ह ‧‧उस दिन सुल्तान और पूर्वी ने एक दुसरे से बात नही की "
अगला दिन

- .. सब दोस्त कोलेज आए क्यू की आप सभी को पता ह की सुल्तान और पूर्वी में कल ही लड़ाई हुई थी और आज भी महोल गरम ही ह मुझे लगता ही की कुछ तो होने वाला ही आज .. आपको क्या लगता ही किसकी ज्यादा गलती ही ?

- .. सभी दोस्त टीचर की बुराई करते हुए बाहर आए आपको तो पता ही हए हिस्ट्री की क्लास कितना बोर करती ही लेकिन पीसीएम और पी सी बी से बचने के लिए ब। अ ही लास्ट ऑप्शन बचता ह

- सुल्तान : बोर कर दिया यार

- वरुण : बुरी तरह

- श्रेया : हा यार

- फिजा : पता नहीं केसे लोग होते ह जिनको इतना अच्छा सब्जेक्ट पसंद नहीं आता

- सनम : सही के रह ह

- सुल्तान : हा .. ऐसी बात नहीं हे मुझे भी हिस्ट्री कभी कभी अछि लगती हे

- सनम : सब्जेक्ट कभी कभी अछि लगने वाली चीज नहीं है ओके

- नुपुर : सही कहा

- वरुण हस्ते हुए ' केसा लगा रिप्लाइ

- सुल्तान : चुप कर
- पूर्वी : कैन्टीन नहीं चलना ?

- कादिर : विराट तो। पहले ही कैन्टीन जा चुका ह

- अभि हस्ते हुए : उसकी बॉडी ढल जाएगी अगर खाना नहीं खाएगा तो

- सुल्तान .. हा

- .. सब कैन्टीन मे बैठे हैं ..

- सुल्तान : सनम : क्या खाएगी बोल

- वरुण : यहाँ हम भी बैठे हैं हम से भी पूंछ ले

- कादिर हम कहाँ दिखाई देते हैं इसको

- .. फिजा खामोश बैठी ही ..

- सुल्तान : तू क्या खाएगी फिजा ? जल्दी बताओ मुझे .. पूर्वी , श्रेया, नूपुर . तीनों बहुक्कड़ समोसे खाने जा चुकी हैं

- सनम : पेस्ट्री ले आइयों

- फिजा : ओन्ली चाय

- सुल्तान : सिर्फ चाय

- फिजा : हा

- सुल्तान : ओके

- सब ने लंच कर लिया

पेमेंट के टाइम
सुल्तान : यार पूर्वी मेरा पेमेंट कर दे
पूर्वी : क्यू तेरे पास हैं नहीं क्या पैसे
सुल्तान : कर दे प्लीज
पूर्वी : खुद से करो

- *सुल्तान : रातों रात गरीब तो नहीं हो गई तू ?*

पूर्वी : जुबान संभाल के बात कर ओके
सुल्तान : में तभी कहता हूँ इतना मैक अप पर इतना खर्च मत किया कर
पूर्वी : तेरे से क्या ? मई अपना खर्च मैक अप पे करू या किसी पर भी करू
सुल्तान : मतलब ह यार ॥ तू दोस्त ह मेरी . मई तुझे रोड पे आते हुए नहीं देख सकता
.. ये कह कर सुल्तान हसने लगा ..
वरुण : सुल्तान क्यू दिमाग चला रहा ह उसका ?
पूर्वी : आई ठौत की तू रॉड पर आ चुका है तभी तो मेरे से पेमेंट करने के लिये बोल रहा है

- *सुल्तान : हा यार तभी तो तेरे से पैसे मांग रहा हु*

- *पूर्वी : नहीं मेरे पास*

- *सुल्तान हस्ते हुए : मुझे लगता है की हम दोनों ही रोड पर आ गए हैं*

- *पूर्वी : मैं नहीं तू*

- *सुल्तान : नहीं यार झूट न बोल तू भी आई है रोड पर तो*

- *पूर्वी : chwingam कही का*

- *सुल्तान : chwingam कही की*

- *अभि : चुप हो जाओ यार प्लीज नहीं तो तुम ऐसे ही लड़ पड़ोगे*

- *कादिर : ओए सुल्तान क्यू छेड़ रहा है उसको*

- *सुल्तान : मुझे तो इसी से पैसे चाहिए*

- *पूर्वी : कर्ज लिया था क्या मैंने तेरे से ?*

- *सुल्तान : हा लिया था कर्ज*

- *पूर्वी : बहस मत कर .. नहीं तो इतनी तेज चिल्लाऊँगी कोलेज मे की तू मुझे छेड़ रहा है*

- *सुल्तान : डॉन्ट : क्रॉस योर लिमीट*

- *पूर्वी : मजनू काही का*

- *सुल्तान : फिर ज्यादा बोल रही ह .. देख चुप हो जा फैशन आई कोन मुझे गुस्सा या रहा है*

- *सुल्तान : अच्छा मै मजनू हूँ तो तू लैला है .. अब बता*

- *.. पूर्वी इस बात पर भड़क गई और उसने सुल्तान के थप्पड़ मार दिया सबके सामने ..*

- *.. सारे FREINDS उठ कर कड़ी हो गए*

- *वरुण : सुल्तान तेरे से मना किया था ना अब ठीक है .. करवा ली न बेइज्जती*

- *सुल्तान ने पूर्वी की तरफ गुस्से से देखा और कहा : अगर तू लड़की नहीं होती न तो अब तक कूट चुकी होती मेरे हाथ से*

- *पूर्वी : स्टार्टिंग तूने की थी समझा .. ये कह कर पूर्वी वहाँ से चाली गई*

- *फिजा : सुल्तान छोड़ उसको .. गुस्सा मत कर*

- *कादिर : तभी तेरे से मन करता हूँ उसके मुह मत लगा कर*

- *विराट : जो मज़ाक बर्दाश्त कर सके उस से मज्जक करना चाहिए*

- *फिजा : कोई बात नहीं सुल्तान दोस्त है वो तेरी अगर थप्पड़ मार भी दिया तो कोई बात नहीं*

- *सुल्तान चिल्लाते हुए बोल .. तेरे से मशवरा नहीं मांग रहा हु में समझी उसे तो देख ही लूँगा में*

- *.. फिजा : चुप हो गई और रोने लगी ..*

- *सनम : सुल्तान how dare you .. तूने मेरी दोस्त को रुलाया*

-

- *सुल्तान : किसी को नहीं रुलाया मैंने*

- *'' ये कह कर वहाँ से चला गया*

- *तीसरा दिन*

- *वरुण का बर्थडे*

.. आज वरुण का बर्थडे है .. लेकिन दोस्ती मे महोल बिगड़ हुआ ह क्या वरुण के बर्थडे वाले दिन महोल सुधर जाएगा ?

- *रात के 12 बजे ....*

- *विराट : हप्पे बर्थडे ब्रो*

- *वरुण : थैंक्स भाई*

- *विराट : पार्टी तो दे रहा है न ?*

- *वरुण : हा यार क्यू नहीं*

- *विराट : कहा पर ?*

- *वरुण : घर पर*

- *विराट : अरे यार बाहर ही दे दे*

- *वरुण : भाई हर बार बाहर ही देता हु लेकिन इस बार महोल बिगड़ चुका है दोस्ती में .. मैं चाहता हूँ सब कुछ पहले जैसा हो जाए*

- *विराट : हा यार .. सुल्तान की तो आदत ही है मज़ाक करना वो हेरोइन से जरा भी बर्दाश्त नहीं होता*

- *वरुण : सुल्तान कमीना भी कम नहीं है .. क्या जरूरत थी उसे पूर्वी के साथ मज़ाक करने की*

- *विराट : ओ भाई .. पूर्वी की चक्कर में श्रेया न नाराज हो जाए तेरे से .. आज कल तू ज्यादा ही साइट ले रहा है पूर्वी की*

- *वरुण : पूर्वी मेरी सिर्फ दोस्त है .. और श्रेया गिर्लफ्रेंड से बढ कर*

- *विराट : तो अब घर पर भी बता दे उसके बारे में*

- *वरुण : बताऊँगा सही टाइम आने पर .. कोई रिजेक्ट नहीं कर पाएगा उसे हर क्वालिटी है उसके अन्दर*

- *विराट : OHOOOO*

- *.. वरुण ने अपना फोन देखते हुए कहा : भाई सुल्तान की call या रही है*

- *विराट : हा पीक कर ले .. सुबह पार्टी में मिलता हूँ .. byee*

- *वरुण : ओके भाई || byee*

- *' वरुण ने सुल्तान की कॉल पीक की ''*

- *सुल्तान : जन्म दिन मुबारक मेरे भाई ॥ तू जिए हजारों साल ॥ तेरी बीवी पहले मरे तू बाद में मरे*

- *वरुण : तू मुझे बद दुआ दे रहा है उल्लू के पट्ठे*

- *सुल्तान : हा हा हा ....*

- *'' दुआ दे रहा हूँ मेरे भाई*

- *वरुण : और बता*

- *सुल्तान : पहले तू ये बता की पार्टी कहा पर दे रहा है कंजूस .. मुझे चिकन पार्टी चाहिए समझा*

- *वरुण : भाई मंगल वार है .. नोन वेज नहीं खाता में*

- *सुल्तान : तो तुझे खिला कोन रहा है .. मुझे तो खिला सकता है न ?*

- *वरुण : तू नहीं सुधरेगा*

- *सुल्तान : और बता क्या नया करने वाला है कल ?*

- *वरुण : एक बात बताओ यार ॥ तुम दोनों पागल हो गए हो क्या ?*

- *सुल्तान ? कोन दोनों?*

- *वरुण : तू और विराट*

- *सुल्तान : क्यू हम दोनों ने क्या कर दिया ?*

- *वरुण : अबे पार्टी तुम लोग दो न मुझे*

- *सुल्तान : बर्थडें तेरा है या हमारा ? आज के दिन तू पैदा हुआ था या हम हुए थे ?*

- *वरुण : भाई हर बार तो तुम सब पार्टी देते हो फिर इस बार ये क्यू ?*

- *वरुण : भाई जेब तो तुझे ढीली करनी ही पड़ेगी इस बार ॥ सुन ले तू*

- *', वरुण मोबाईल देखते हुए बोला : रुक ॥ सनम की कल या रही है*

- *सुल्तान : अच्छा ॥ जब में बात कर रहा था तब इसे नींद या रही थी*

- *वरुण : नेगटिव मत सोच .. मुझे पता है वो भी तुझे चाहती है लेकिन बताती नहीं है*

- *सुल्तान : हम्म ॥ चल कॉल पीक कर उसकी*

- *वरुण : ओके ओके*

- *वरुण ने सनम की कल पीक की ..*
- *सनम : हैप्पी बर्थडे वरुण*

- *वरुण : थैंक्स ....*
- *सनम : कहाँ पार्टी दे रहा है ?*
- *वरुण : घर पर /*
- *सनम : हा ये अच्छा रहेगा ॥ हम लोग न कल जल्दी आ जाएँगे because घर भी तो डेकरैट करना है हम सबको*
- *वरुण : हाँ हाँ why not ॥ वैसे श्रेया भी आएगी न तुम लोग के साथ*
- *सनम : ohoooo मतलब दोस्तों की फिक्र नहीं है गर्ल फ्रेंड की फिक्र है तुझे*
- *वरुण हस्ते हुए : नहीं यार प्यार से पहले तो तुम लोग हो*

.. इसी बीच वरुण के पास श्रेया की कल आई /
वरुण ने मोबले देखते हुए कहा : श्रेया की कल आ रही है

- *सनम हस्ते हुए : ohooo अब तो आवाज भी तेज हो गई .. उठा गर्ल फ्रेंड की कॉल*
- *वरुण हस्ते हुए : हा उठा रहा हूँ*

- *.. वरुण ने श्रेया की कल पीक की .. वो कुछ कह पता लेकिन उससे पहले श्रेया बोल पड़ी ; many many return of the day ॥*

- *.. जैसा की आप सभी लोग जानते हैं श्रेया वरुण की गर्ल फ्रेंड है उसकी कॉल आते ही पता नहीं वरुण को क्या हो जाता है ..*
- *वरुण ; थैंक्स मिर्ची*
- *श्रेया ; क्या हो रहा है*
- *वरुण ; आपकी याद या रही है*
- *श्रेया ; वो क्यू ?*

- *वरुण ; because आज के दिन एक खूबसूरत लड़की को मैंने प्रपोज किया था इसलिए आज का दिन मेरे लिए बोहोत स्पेशल है*

- *श्रेया ; और आज का दिन मेरे लिए इसलिए स्पेशल है क्यू की भगवान ने आज के दिन तुम्हें मेरे लिए दुनिया में भेज*

- *वरुण ; हाय ॥..*
- *वरुण ; एक मिनट मिर्ची कादिर की कॉल आ रही है*
- *श्रेया ; ओके पीक करो .. कल मिलते हैं take care*
- *वरुण ; take care मिर्ची*

.. वरुण ने कादिर की कल पीक की ..

- *कादिर ; हैप्पी बर्थडे मेरी जान*
- *वरुण ; थैंक्स ब्रो*
- *कादिर ; तू खूब जिए .. तेरे पास पैसे की कभी कमी न हो .. अगर तेरा श्रेया के साथ ब्रेक अप हो जाए तो तुझे उससे भी अछि लड़की मिले और ....*

..कादिर इससे आगे कुछ बोल पाता वरुण ने उसे रोकते हुए कहा .. ओएए कमीने दोस्त है या दुश्मन
कैसी दुआ दे रहा है ?

- _कादिर : अरे नहीं भाई .. ईशा में ही तेरे और श्रेया के लिए दिल से दुआ की है की अल्लाह_

_तुम दोनों का रिश्ता आसानी से करा दे और कोई परेशानी न आए_

- .. वरुण एक मिनट सोचने के बाद बोला : मेरे जैसे लोग भगवान हर किसी को दे ..
- _कादिर : रुलाएगा क्या अब ‖ अच्छा ये बता पार्टी कहाँ दे रहा है ?_
- _वरुण : घर पर दे दूंगा पार्टी .. इस बार तुम लोगों ने मेरी परत के बारे में कुछ नहीं सोच .._
- _कादिर : अबे बर्थडे तेरा है या हमारा ?_
- _वरुण : ये डाइअलॉग दूसरी बार सुन रहा हूँ_
- _कादिर : दूसरी बार ? मतलब_
- _वरुण : अभी सुल्तान ने भी यही लाइन मारी थी_
- _कादिर : हा हा हा_

.. तभी वरुण के पास पूर्वी की कॉल आई ..

- _वरुण : भाई पूर्वी की कॉल या रही है_
- _कादिर : हाँ उठा ले हाई हील की कॉल .. एक तो सबके सामने मर्द दोस्त के थप्पड़ मारा उसने .. मैं तो बात करने वाला हूँ नहीं उससे //_
- _वरुण : वैसे गलती सुल्तान की भी तो थी छेड़े जा रहा था पूर्वी को बार बार_
- _कादिर : यार बचपन से जानते हैं हम सब उसको .. उसकी आदत है मजाक करना .. और खुद सोच वो दूसरों का पेमेंट esily कर सकता है .. वो सिर्फ prank कर रहा था पूर्वी के साथ_
- _वरुण : आई know यार .. लेकिन अब दोस्ती बिगड़ गई है .. सब कुछ पहले जैसा करने के लिए कुछ तो करना पड़ेगा_
- _कादिर : पूर्वी अपनी गलती मान लेगी तो शायद सुल्तान भी इसको माफ कर दे .._
- _वरुण : दोबारा कॉल आ रही है पूर्वी की //_
- _कादिर : चल तू कॉल पीक कर उसकी_
- _वरुण : ओके_

- *,, वरुण ने पूर्वी की कॉल पीक की ,,*
- *पूर्वी : many many return of the day वरुण//*
- *वरुण : थैंक्स*
- *पूर्वी : पार्टी कहाँ दे रहा है ?*
- *वरुण : घर पर*
- *पूर्वी : क्या ॥ घर पर पार्टी ये क्या बात हुई ?*
- *वरुण : क्यू ? घर पर पार्टी नहीं हो सकती क्या ?*
- *पूर्वी : हाँ हो सकती है but restraunt में रखता तो ज्यादा अच्छा होता*
- *वरुण : नहीं यार मेरा प्लान नहीं है*
- *पूर्वी ,, वो कल वाली बात से नाराज है क्या मेरे से ?*
- *वरुण : नहीं यार में किसी से नाराज नहीं हूँ गलती तुम दोनों की थी ,, लेकिन तुझे सुल्तान के थप्पड़ नहीं मारना चाहिए था वो भी सबके सामने*
- *पूर्वी : यार उसकी भी तो गलती थी*
- *वरुण : दोस्तों में मजाक चलता है और तू जानती है उसकी आदत है मजाक करना ,, लेकिन उसका कुछ ज्यादा हो गया और तूने लिमिट ही क्रॉस कर दी*
- *पूर्वी : हा मुझे सबके सामने उसे थप्पड़ नहीं मारना चाहिए था //*

- *,, वरुण दिल में कहने लगा : ये कोन सी हवा चल गई आज पहली बार ये अपनी गलती एक्सेप्ट कर रही है ,, चलो अच्छा है अब सब कुछ पहले जैसा हो जाएगा ,,*

- *पूर्वी : क्या हुआ ? कुछ बोल क्यू नहीं रहा है*

- *वरुण : कुछ नही वो बस ऐसे ही*

- *पूर्वी : कल में उसको सॉरी बोल दूँगी*

- *वरुण : ओ माई गोड*

- *पूर्वी : क्या हुआ ?*

- *वरुण : कुछ नहीं ,, कुछ नहीं*

- *वरुण : अरे अभि और नूपुर का msg आया है*

- *पूर्वी : ओके रिप्लाइ कर दे .. कल मिलते हैं byee*

- *वरुण : byee*

- *12 : 50 मिनट*

- *.. वरुण के पास फिजा की कॉल आई*

- *फिजा नींद में :हैप्पी बर्थडे वरुण*

- *वरुण : थैंक्स फिजा*

- *फिजा : सॉरी यार अलार्म तो टाइम पर ही लगाया था पर आँख नहीं खुली थी तब*

- *वरुण : हा मुझे लगता है कि आँख तो तेरी अब भी नहीं खुली है*

- *फिजा : पार्टी में केक तो मंगाएगा नया ?*

- *वरुण : कैसी बातें कर रही है यार .. बिना केक बर्थडे पार्टी होती है क्या ?*

- *फिजा : ओके बर्थडे पर मिलते हैं*

- *वरुण : हम्म ॥ सुन पार्टी मेरे घर पर है .. नींद में कहीं और का अड्रेस मत सुन लियो .. अब बता कहाँ है पार्टी ?*

- *फिजा : घर पर*

- *वरुण : हा मेरे घर पर*
- *फिजा नींद में : ओके*
- *वरुण : take care*

- .. कुछ देर बाद कुछ सोचने के बाद वरुण सो गया

पार्टी वाले दिन
.. आज वरुण की बर्थडे पार्टी है और पार्टी उसके घर पर है .. सही 10 : 15 मिनट पर श्रेया, नूपुर, कादिर, और सुल्तान .. वरुण के घर आए हैं
.. वरुण ने आकार गेट खोला .. ये सभी दोस्त उसके सामने खड़े हैं

- सुल्तान : हैप्पी बर्थडे मेरी जान //
- वरुण: थैंक्स ब्रो
- नूपुर : मैंने तो कल रात ही विश कर दिया था इसको
- सुल्तान: अच्छा ..
- वरुण : हस्ते हुए : सबसे पहले विराट ने और सुल्तान ने ही मे को प्रपोसे किया यार
- नूपुर : ओह अच्छा
- वरुण : बाकी सब कहाँ हैं ?
- कादिर : या रहे होंगे .. अब सारी बातें गेट पर ही कर लेगा क्या ?
- वरुण : नहीं यार .. देख सुल्तान ने तो पहले ही एंट्री मार ली
- .. सब लोग वरुण के ड्राइंग रूम में जा कर बैठ गए ..
- .. नूपुर ने टेबल पर रखे एक शो पीस को देख कर कहा : वरुण .. ये कहाँ से खरीदा ?
- वरुण : ये मैंने नहीं खरीदा .. श्रेया ने गिफ्ट किया था मुझे
- नूपुर : खूबसूरत है
- वरुण: शो पीस भी और देने वाली भी
- .. सब हंसने लगे ..
- श्रेया : अंकल आंटी कहाँ हैं?
- तुम्हारे : होने वाले सास ससुर मेरी दादी को देखने गए हैं ..
- सुल्तान : सब खैरियत तो है न
- वरुण : उनकी तबीयत खराब थी न तो इसलिए
- कादिर : अल्लाह बेहतर करे
- सुल्तान : आमीन
- वरुण : सुबह आई थी कॉल मम्मा पापा की शायद आज नहीं या पाएँगे
- नूपुर : उनका वहाँ रहना भी जरूरी है

- <u>*वरुण : हम्म*</u>

- <u>*कादिर : चलो भाई पार्टी की टेययरी शुरू करो .. समान लेने नहीं चलना क्या ?*</u>
- <u>*सुल्तान : ला वरुण पैसे दे*</u>
- <u>*वरुण : कोन से पैसे भाई ?*</u>
- <u>*सुल्तान : शॉप वाला क्या तेरे मामा का बीटा है क्या ? जो फ्री में समान दे देगा //*</u>
- <u>*वरुण : आर यार / कितने रुपए दूँ /*</u>
- <u>*सुल्तान : भाई आज तेरा बर्थडें है खर्च तो होगा ना*</u>
- <u>*.. वरुण ने अपनी वॉलेट से 3000 रुपए निकाले और सुल्तान को देने लगा*</u>
- <u>*कादिर : ओ भाई इसमें क्या होगा ? इतने में तो बच्चों की भी पार्टी नहीं हो सकती*</u>
- <u>*सुल्तान : तू ना गुड लूकिंग भिखारी है*</u>
- <u>*वरुण : बस 200 और दे सकता हूँ*</u>
- <u>*सुल्तान : ले भाई तू मेरे तेरी से और पैसे ले ले ले .. इतना कंजूस इंसान ना मैंने आज तक नहीं देखा .. माशा अल्लाह सब कुछ है तेरे पास फिर भी कंजूसी .. जा में खुद से ले आऊँगा सब सामान .. भाड़ में जा तू*</u>
- <u>*वरुण : हा हा हा ..*</u>

- <u>*.. इतने में ही बेल बाजी ..*</u>
- <u>*वरुण : आई थिंक बाकीनसब या गए*</u>
- <u>*वरुण : नूपुर गेट ओपन कर के आइयों*</u>
- <u>*नूपुर : हम्म*</u>

- <u>*..नूपुर ने गेट खोल तो विराट और अभी आए हैं ..*</u>

- <u>*विराट : तू कब आई ?*</u>

- <u>*नूपुर : 5 मिनट पहले*</u>

- <u>*अभि : यार .. मतलब हम लेट हो गए*</u>

- <u>*.. अभि और विराट अंदर आए ..*</u>

- अभी : हे guise .. फिजा ,सनम ,और पूर्वी काही दिखाई नहीं दे रही

- सुल्तान : फिजा तो आने वाली है शायद सनम भी उसके साथ आ रही हो //
- नूपुर : मतलब तेरी दोनों गर्ल फ्रेंड एक साथ आने वाली हैं

- सुल्तान : दोनों गर्ल फ्रेंड ?

- नूपुर : हा हा ऐसे ही कह रही हूँ

- वरुण : भाई तू सनम को प्रपोसे कब करेगा ?

- सुल्तान : कर दूंगा यार

- कादिर : जब वो हाथ से निकाल जाएगी तब करेगा उसको प्रपोज

- सुल्तान : ओएए ऐसा मत बोल उसके बिना में जी नहीं सकता में ..
- ..नूपुर कुछ उदास हो कर सुल्तान की तरफ देखने लगी

.. तभी एक बार फिर बेल बजी ..

- वरुण : नूपुर गेट खोल कर आइयों
- नूपुर : ओके
- .. नूपुर ने गेट खोला
- सनम : हाई नूपुर //
- नूपुर : हैलो
- फिजा : तू कब आई ?
- नूपुर : थोड़ी देर हो गई .. चलो अब जल्दी अंदर हम सब तुम लोगों का ही वेट कर रहे थे
- .. तीनों ड्रॉइंग रूम में आईं ..
- .. अभी नूपुर बैठी भी नहीं थी की फिर से एक बार बेल बाजी ..
- वरुण : नूपुर गेट खोल कर आईयो

- *नूपुर गुस्से में: तूने मुझे मैड समझ रखा है क्या? बार बार गेट खोल कर आइयों गेट खोल कर आइयों .. भाड़ में जा मैं नहीं जा रही*

- *वरुण हस्ते हुए: गुस्सा क्यू कर रही यार .. में खुद चला जाता हूँ*

- *सुल्तान: तू बैठ मैं .. मैं खोल कर आता हूँ*

- *.. सुल्तान ने गेट खोला तो सामने पूर्वी खड़ी है ..*

- *..सुल्तान ने उसकी तरफ गुस्से से देखा और अंदर चला गया*
- *वरुण: कोण आया है सुल्तान*
- *सुल्तान: चुड़ेल आई है*
- *सनम: क्या /*
- *..तभी पूर्वी अंदर आ गई और बोली .. हैलो फ्रेंड्स*
- *.. सब ने रिप्लाइ किया .. हैलो पूर्वी (सुल्तान को छोड़ कर)*
- *वरुण: मोस्ट वेलकम इन माई हाउस //*

- *सुल्तान: वरुण इधर आइयों*

- *.. वरुण उठ कर आया और बोल: हाँ*

- *..सुल्तान ने वरुण को साइट ले जा कर कहा: इस चुड़ेल को क्यू बुलाया है तूने? मैं इसकी शक्ल नहीं देखना चाहता .. या तो तू इसे वापस भेज दे या मैं जा रहा हूँ /*

- *वरुण: आर भाई सुन तो ले . तुम दोनों ही मेरे दोस्त हो मैं किसी एक को भी वापस नहीं जाने दे सकता .. कल गलती तेरी भी थी इसलिए कल उसने गुस्से में तेरे थप्पड़ मारा .. और ..*

- *सुल्तान: बस बस . ज्यादा साइट न ले उसकी . ये मैं ही जानता हूँ कल मुझे कैसा फील हुआ था //*

- *वरुण: मैं कोई साइट नहीं ले रहा जो सच है वही बाता रहा हूँ यार //*

- *..श्रेया ने तेज आवाज में कहा .. क्या बातें कर रहे हो तुम दोनों /*
- *सुल्तान : कुछ नहीं*
- *श्रेया : तो फिर यहाँ आओ न सब बात कर रहे हैं*

- *वरुण : हाँ आ रहे हैं*

- *..सुल्तान और वरुण फिर से ड्रॉइंग रूम में आ गए*

- *पूर्वी : वो एक्चुअल्ली सुल्तान ..*
- *सुल्तान : ओ हैलो .. मैं कोई लेक्चर नहीं सुनना चाहता हूँ ओके*

- *पूर्वी : मई अपनी गलती एक्सेप्ट कर रही हूँ यार .. कल से लिए sorry*

- *सुल्तान : ये ठीक है पहले सबके सामने बेइज्जती कर दो फिर सॉरी बोल दो .. आई डॉन्ट नीड योर सॉरी*
- *पूर्वी : प्लीज माफ कर दे .. आज तक मैंने किसी को सॉरी नहीं बोला but तुझे बोल रही हूँ .. माफ कर दे*
- *सुल्तान : पहले एक कसंम खा*
- *पूर्वी : विच कसम ?*
- *सुल्तान : की तू आज के बाद मेक अप नहीं करेगी और हाई हील नहीं पहनेगी*
- *.. सब जोर से हसने लगे ..*
- *पूर्वी : जंगली इंसान . तू नहीं सुधरेगा*
- *सुल्तान : ओए मैं बिगड़ा ही कब था जो सुधार जाऊं?*
- *कादिर : ओ भाई : 11 बज गए हैं लगता है कोई प्लान नहीं तुम लोग का पार्टी करने का*
- *सुल्तान : अरे . तू चलने को तेयार होगा तभी तो सामान लाऊँगा न में*
- *विराट : मैं भी चल रहा हूँ*
- *अभि : मैं भी*
- *वरुण : मैं भी चलूँ यार ?*
- *सुल्तान : इज्जत से घर में बैठ जा*
- *वरुण : यार अकेले मैं क्या करूंगा .. चलो ठीक है मैं कर में ही बैठ जाऊंगा*
- *सुल्तान : ओए कार नहीं लैला है वो मेरी*

- *वरुण : हा , तेरी लैला में ही बैठा रहूँगा*
- *कादिर : सुल्तान .. यार आने दे इसको भी*
- *सुल्तान . चल ठीक है*
- *..अभि , विराट, सुल्तान , वरुण , कादिर .. समान लेने गए ..*

- *सुल्तान ने ड्राइविंग करते हुए कहा : कादिर चिकन कितने तक का ले लेना चाहिए ?*

- *.. इतने में ही वरुण ने कहा : ओ भाई .. कल बोल था न मैंने तेरे को की मंगल वार को चिकन नहीं खाता मैं*

- *.. सुल्तान ने वरुण की कॉपी करते हुए कहा : ओ भाई मैंने बी कहा था न कल की मैं चिकन खाऊँगा*

- *विराट : मैं भी कहूँगा चिकन*
- *अभी : मैं भी*
- *कादिर : मैं तो क्या ही कहूँ .. भाई एक काम करते हैं redimade चिकन ले लेते हैं न ..*
- *सुल्तान : अकल वर इंसान .. शाम तक बेकार नहीं हो जाएगा redimade चिकन*
- *कादिर : तो शाम को या कर ले जाएँगे*
- *सुल्तान : भाई मैं खुद बनाऊँगा अपने हाथों से .. ठीक है*
- *कादिर .. हा ओके*
- *वरुण : यार प्लीज .. आज मीट मेरे चिकन में मत ले कर जाइयों*
- *सुल्तान : अबे कीचेन में नहीं ले कर जाऊंगा तो क्या तेरे बेडरूम में बनाऊँगा ? हा हा हा*

..सुल्तान नौटंकी इंसान संडे को तो मैंने तुझे लेग पेयसे खाते हुए देखा था चिकन पॉइंट पर और अब तू ड्रामा किए जा रहा है ..

- *कादिर : एक मिनट .. पापा की कॉल या रही है ..*

.. 20 मिनट बाद..

- *.. सुल्तान ने चिकन शॉप के सामने गाड़ी खड़ी की और पैसे निकालते हुए कहा : ले कादिर चिकन ले कर आ*
- *कादिर 1 kg ?*
- *सुल्तान : नहीं आधा kg ले aa .. हा हा हा .. सबसे ज्यादा तू ही खाएगा इतना भी पता है मुझे // 5 kg ले कर आइयों*
- *विराट : चल मैं चलता हूँ तेरे साथ ये शॉप वाला मुझे जानता है .. जल्दी दे देगा*
- *सुल्तान : अरे हाँ मियां .. प्रधान मंत्री जो हैं आप*
- *.. सब हसने लगे ..*
- *.. चिकन लेने के बाद सुल्तान ने बककेरी के सामने कार को रोका*
- *अभि : ओएए मैं डिसाइड करूंगा कोनस केक लेना है*
- *विराट : मैं भी या रहा हूँ*
- *कादिर : ठीक है ले कर आओ*
- *वरुण : मैं भी चलूँ तुम लोग के साथ ?*

- *सुल्तान : बोहोत तेज किक पड़ेगी .. चुपचाप बैठ रह गाड़ी में .. अभी और विराट अबे जल्दी आओ दोनों //*

- *(शॉप पर)*

- शॉपकीपर ने केक दिखते हुए कहा ; ये चॉकलेट फ़्लेवर है ये बटर scotch और ये वेनिला ,,

- सुल्तान ; रेड वेल्वेट दिखाइए प्लीज ,,

- ,,शॉपकीपर ने दो मिनट बाद केक दिखते हुए कहा ये रेड वेलवेट ,, 3 kg का है

- कादिर ; लेकिन भाई रेड वेलवेट क्यू ले रहा है ?

- विराट ; ओ भाई अब मैं समझा ,,

- अभि ; क्या ?
- विराट ; रेड संनम का फेवरीट कलर है इसलिए रेड वेलवेट ले रहा है ये //

- कादिर हस्ते हुए ; भाई बर्थडे वरुण का है सनम का नहीं ,, अपनी आशिकी पे कंट्रोल रख ओके

- सुल्तान ; आर नहीं .. वो तो मैं ऐसे ही ,, ठीक है तो चॉकलेट फ्लेवर ले लो

- अभि ; चॉकलेट फ्लेवर तेरा फेवरीट है ,, तू रहने दे हम लोग डेसिडे करते हैं

- ,, अभी ने शॉपकीपर को आवाज दी और कहा ; भाई स्ट्रॉबेरी फ्लेवर दिखाओ

- शाप्कीपर ; ओके ,, ये लीजिए स्ट्रॉबेरी फ्लेवर,, ये पाइनऐप्ल ,, और ये mango फ्लेवर

- ,, (शॉपकीपर ने तीनों केक दिखाते हुए कहा ,,)

- विराट ; पाइनऐप्ल फ्लेवर ले लेते हैं

- अभि ; नहीं ,, स्ट्रॉबेरी

- विराट ; पाइनऐप्ल

-

- अभि ; स्ट्रॉबेरी ;

- (दोनों फ्लेवर की वजह से लड़ने लगे)

- ,, सुल्तान ने इशारे से शॉप कीपर को बुलाते हुए और धीरे से कहा ; इन दोनों को लड़ने दो आप चॉकलेट फ्लेवर पैक कर दीजिए

- शॉपकीपर ; नाम क्या डालना है केक पर ?

- सुल्तान ; वरुण ,,

- सुल्तान ने पेमेंट कर दी और दोनों को आवाज दे कर कहा ; या जाओ ब्रो काम हो गया अब क्यू झगड़ा कर रहे हो ?

- विराट ; बोहोत बडा वाला कुत्ता है तू

- अभि ; दुनिया बदल जाएगी बस तू नहीं बदलेगा ,,

- ,,विराट ने डेकोरेटिव सामान पैक कर लिया ,,

- सुल्तान ; इधर का काम हो गया न /

- अभि ; अब क्या रह गया ?

- विराट ; यार भूँख लगी है ,, मैं दो मिनट में कुछ कहा कर आता हूँ

- सुल्तान ; गजराज तेरी भूँख तो अकभी शांत नहीं होती

- अभि ; चल भाई कुछ खा कर आते हैं

- सुल्तान ; भूख तो मुझे भी लगी है ,, पहले सामान गाड़ी में रखवा लो कादिर और वरुण वेट कर रहे होंगे

- ,, सुल्तान ने जैसे ही विंडो खोली दोनों गाड़ी में नहीं हैं ,,

- सुल्तान ; ये दोनों कहाँ चले गए

- ,, तभी विराट के पास वरुण की कॉल आई ,,

- वरुण कॉल पर ; यार हम लोग सामने वाली शॉप पर खड़े हैं भटूरे कहा कर या रहे हैं अभी

- विराट ; अच्छा .. हम भी आ रहे हैं अभी

- सुल्तान ; कहाँ पर हैं ?

- विराट ; भटूरे खा रहे हैं सामने //

- सुल्तान ; चलो ,, हम भी चलते हैं //

- (30 मिनट बाद)

- ,, सभी लोग घर पोहोनचे ,,

- फिजा ; वरुण कुछ खाने के लिए नहीं ले कर आया हम लोग के लिए ?

- वरुण ; सॉरी यार हम तो कुछ भी नहीं लाए

- ,, पीछे से विराट और अभी बात करते हुए या रहे हैं ;

- विराट ; भाई भटूरे तो अछे थे

- अभि ; हम्म

- फिजा ; इसका मतलब तुम लोग भटूरे खा कर आ रहे हो और हमारे लिए कुछ भी नहीं लाए

- सुल्तान ; नहीं यार हम लोग ले भी आते तो वो ठंडे नहीं हो जाते

- फिजा ; वो हमारी प्रॉब्लेम थी तुम्हारी नहीं ओके

- वरुण ; सॉरी यार हम तो लाए नहीं हैं कुछ भी तुम लोग के लिए ,, तुम एक काम करो maggie बना लो जा कर

- पूर्वी ; मैंने तो फ्रिज से फ्रूट निकाल का खा लिए

- श्रेया ; मैं को भूख लग रही है बोहोत ज्यादा

- वरुण ; मैं कुछ ले कर आउन तेरे लिए

- फिजा ; ओएए तुझे हम लोग भूखे नहीं दिखाई दे रहे सिर्फ श्रेया ही दिखाई दे रही है ?

- सनम ; कोई बात नहीं ,, हम लोग maggie बना लेते हैं ,, बता दे किस साइट रखी है //

- वरुण ; मम्मा से कॉल कर के पुंछ लेता हूँ

- ,, श्रेया और सनम maggie बना रही है ,,

- ,,पूर्वी ,,फिजा ,नूपुर डेकरैशन कर रही हैं ,,

- ,,सुल्तान ,,विराट ,,लाइट लगा रहे हैं,,

- ,,वरुण मोबाईल चला रहा है ,,

- ,,कादिर और अभि किसी बात को ले कर आपस में बहस कर रहे हैं ,,

- ,,ठीक 6; 8 मिनट पर सारा काम हुआ ,,

- ,, पूर्वी ने अपनी लिप्स्टिक ठीक करते हुए कहा ; पार्टी कितने बजे शुरू होगी ?

- नूपुर ; 7 बजे because अभी कादिर,, सुल्तान ,, संनम , और फिजा का प्रेय टाइम है //

- (7 ; बजे)

,,7 बजे पार्टी शुरू हुई विराट ने म्यूजिक ऑन किया ,, कुछ देर बाद डांस करने के बाद सनम ने कहा ; ट्रूथ एण्ड dare खेलते हैं guise

,, सब गेम खेलने को तेयार हो गए ,, वारुन ने बोतल घुमाई तो वो नुऔर के सामने जा कर रुकी ,,

- वरुण ने पूंछ ; ट्रूथ एण्ड dare ?

- नूपुर ; ट्रूथ

- वरुण ; बताओ guise इससे कोनस ट्रूथ पूंछें ?

- पूर्वी ; तू ये बता की तेरा क्रश कोन है ?

- सुल्तान ; जल्दी बता बिना झूँठ बोले ,,

- नूपुर ; कोई नहीं है यार

- सुल्तान शक की नज़रों से नूपुर को देखते हुए बोला ,, झूँठ न बोल सबकी खबर रखता हूँ मैं मैंने कई बार देखा है तुझे अकेले अकेले मुसकुराते और ऐसा वही इंसान करता है जिसको लव होता है किसी से ,, बिना झूँठ बोले जल्दी से बता दे कोन है वो ,, कहीं विराट तो नहीं ,,

- विराट ; नहीं यार

- नूपुर ; ओएए चुप कर

- विराट ; क्या मतलब है तेरा सुल्तान ?

- सुल्तान ; कहीं वो अभि तो नहीं है

- अभि ; अबे चुप हो जा ,, फालतू बात न कर

- सुल्तान ; कहीं वो वरुण..

- श्रेया गुस्से में और सुल्तान को उंगली दिखाते हुए बोली ; बस इसके आगे एक और वर्ड नहीं

- वरुण ; भाई चुप हो जा वरना यही महाभारत हो जाएगी

- नूपुर ; ओ हैलो listen पहली बात तो ये की मेरा कोई क्रश है नहीं और दूसरी बात ये है की मेरी आदत है हसना तूने मुझे ऐसे ही हस्ते हुए देखा होगा ,, और

दूसरी बात ये की क्रश से करना भी क्या है जब मुझे पता है की मेरी शादी मेरे खानदान में ही होगी

- पूर्वी ; ओ माइ गॉड ,, ये बात तो हुमएन आज पता चली

- सुल्तान ; अब ये तो बता की मेरे जीजा का नाम क्या है?

- नूपुर ; बोहोत बड़ा खानदान है मेरा पता नहीं किस्से होगी लेकिन होगी खानदान में ही

- सनम ; चल बहन अछि बात है ,, अब मैं बोतल घूमती हूँ

- ,,सनम ने बोतल घुमाई तो वो वरुण के सामने जा कर रुकी

- सनम ; ट्रुथ या dare

- वरुण ; ट्रुथ

- सनम ; इससे क्या पूंछें ?

- ,,कादिर जल्दी से बोला मैं बताऊँ ?

- सनम हाँ बता

- कादिर ; भाई पहली बार श्रेया से कब प्यार हुआ तुझे

- वरुण ; जब पहली बार उसने मेरा हाथ पकडा था मेरा तब से मुझे श्रेया से प्यार हो गया

- सुल्तान ; अगर श्रेया तुझे छोड़ दे तो तेरा क्या रिएक्शन होगा ?

- वरुण ; जींदा दिखूँगा लेकिन रहूँगा नहीं

- श्रेया ; ये नौबत कभी आएगी ही नहीं

- ,, सबने श्रेया को चिढ़ाते हुए कहा ; ओ ..

- सुल्तान ; मोहतरमा आपसे पूँछा हुमने ?

- श्रेया ; सुल्तान तू है बोहोत जंगली

- सुल्तान ; आज पता चला है आपको ?

- श्रेया ; इस बार मैं बोतल घुमाऊँगी

- ,, इस बार बोतल सुल्तान के सामने रुकी ,,

- श्रेया ; अब आया न ऊंट पहाड़ के नीचे

- सुल्तान ; न तू मैं ऊंट हूँ न ही तू पहाड़ है ओके

- श्रेया ; ट्रूथ या dare

- सुल्तान ; i will be choose dare //

- श्रेया ; ठीक है ,, जल्दी से सनम को प्रपोस कर

- सुल्तान गिड़गिड़ाने की ऐक्टिंग करते हुए ; ऐसा जुल्म मत मत कर मुझ पर तू मुझसे कुछ भी करवा ले बस ये मत करवा ,, इतनी हिम्मत नहीं है मुझमें ,, ये नहीं करूंगा मैं

- वरुण ; क्यू ?
- सुल्तान ; हटो यार मैं नहीं खेल रहा ये गेम

- ,, जैसे ही सुल्तान उठने लगा तो विराट ने उसका हाथ पकड़ लिया और कहा ; बच के कहाँ जा रहा है चीते टास्क पूरा कर जल्दी से ,,

- सुल्तान रोने की ऐक्टिंग करते हुए ; ओके

* ,, सुल्तान ने बड़ी काम आवाज में कहा ; सनम ई लाइक यू

* पूर्वी ; हैं ? क्या बोला कुछ भी समझ नहीं आया यार

* सुल्तान ; नहीं आया समझ तो मैं क्या करून / मैंने तो अपना टास्क कम्प्लीट कर दिया है ना //

* वरुण ; ओए चुप चाप ठीक से बोल ,, ऐसे नहीं जाने देंगे हम तुझे आज ,, तू गलत फस गया है मेरे भाई आज तो तेरी बात सामने या कर रहेगी

* ,, सुल्तान ने एक लंबी सांस ली और एक साथ जल्दी जल्दी बोलना शुरू किया ; सनम मैं तुझे जब से चाहता हूँ जब से हम 9th क्लास में थे और मैं तुझे ये बात बता ही नहीं पाया लेकिन आज मैं तुझे बता दु की मैं तुझे बोहोत पसंद करता हूँ बचपन से ही क्या तू मेरी लाइफ में आना चाहेगी क्यू की मैं नहीं चाहता की मेरी लाइफ में कोई और क्यूट सी लड़की आए ,, तू चाहे या ना चाहे शादी तो मैं तुझसे ही करूंगा चाहें इसके लिए मुझे तुझको घर से ही क्यू न उठाना पड़े ,,

* ,, ये सब कहते हुए सुल्तान ने खुद को रोका और सनम की तरफ देखने लगा ,,

* सुल्तान ; विल यू मेरि मी सनम

* ,, सब सुल्तान के चहरे को ध्यान से देख रहे हैं और सनम के रिप्लाइ का वेट कर रहे हैं ठीक उसी तरह जैसे क्रिकेट देखते टाइम इंडियन इंडिया के जीतने का वेट करते हैं

* सनम ने 2 मिनट बाद कहा ; एक्चुअल्ली मैं भी तुझे पसंद करती हूँ
* कादिर चिल्लाते हुए ; सुबहान अल्लाह रिश्ता पक्का हो गया
* कादिर ; गजब कर दिए तुम तो
* पूर्वी ; सो nice
* वरुण ; बोहोत अछे

* सनम ; तू मज़ाक तो नहीं कर रहा है न ? क्यू की मैं तुझे सच में पसंद करती हूँ

- सुल्तान ; तुम लोग को मेरी हर बात मज़ाक क्यू लगती है मैं अगर मार भी रहा होऊँगा न फिर भी यही समझोगे की मैं मज़ाक कर रहा हूँ

- सनम ; सही बात बोल ऐसा नहीं बोलते

- श्रेया ; ओहो अभी से इतनी फिकर

- (इस गेम ने फिजा की सारी गलत फहमी दूर कर दी ,, तभी से फिजा ने सुल्तान के लिए अपनी लव वाली फीलिंग निकालने का फैसला किया)

- कादिर ; भाई अब मेरे दिल को सुकून मिला ,, फाइनली अब दो जगह मुझे दावत खाने को मिलेगी

- सनम ; अभी एक बोहोत बड़ी टेंशन बाकी है

- ,, सब ने पूँछा ; क्या ?
- सनम ; घर वालों को मनाना
- सुल्तान ; टाइम पर सब मान जायेगे
- अभि ; बंदे में दम है ये सब को मना लेगा टाइम आने पर
- वरुण ; सनम ,, बोहोत सही बंदा मिला है तेरे को
- सनम ; सर पर मत चढ़ाओ इसको ओके
- फिजा ; वरुण जल्दी केक काट ले प्लीज भाई की दो बार कॉल या चुकी है
- वरुण ; तो तूने बता देना था ना की भाई मैं को थोड़ी देर हो जाएगी ,, मैं खुद तुम सब को घर छोड़ कर आऊँगा
- सुल्तान ; फिजा टेंटीऑन मत ले ; 9 ; 30 बजे तक चलेंगे घर ओके because आज मैं भी बोहोत थक गया हूँ
- वरुण ; तो यहीं रुक जा भाई
- सुल्तान ; रुक जाता यार लेकिन पापा घर पर नहीं है अम्मी और सारा (सारा सुल्तान की छोटी बहन) घर पर अकेली हैं
- विराट वरुण से कहता है ; चल मैं रुक जाऊंगा ,, घर पर बात कर लूंगा मैं //
- वरुण ; ओके

- (,, 8; 30 पर वरुण ने केक काटा और डिनर करने के बाद सब घर जाने की तयारी करने लगे

- (कुछ इसी तरह वक्त बीतता गया और देखते ही देखते 1 ईयर कम्प्लीट हो गया ,, मुझे फिजा के लिए दुख है क्यू की जो वो चाह रही थी वो नहीं हो पाया क्यू की कभी कभी हम जो चाहते हैं और जो समझते हैं वो नहीं होता है ये कुदरत के फैसले हैं ,, लेकिन सुल्तान और सनम के लिए मैं खुश हूँ ,, विराट को हमेशा अपने घर वालों से बातें सुनने को मिलती हैं क्यू की वो अपनी खुद की जिम खोलना चाहता है लेकिन उसके घर वाले उसके खिलाफ हैं ,, यही ज़िंदगी है कभी कभी जो हम सोचते हैं वो नहीं होता और जो नहीं सोचा होता उससे भी अच्छा हमारी ज़िंदगी में हो जाता है ,,)

- (2nd year के exaam आने वाले हैं exaam की तेयारि ज़ोरों से चल रही हैं दिसम्बर के ((महीने में इग्ज़ैम उफ्फ़) अब exaam को कोन टाल सकता है ?दिसम्बर का महिना बोहोत पसंद है मुझे जब ठंड के महीने में धूप लगती है न कुछ अलग ही बात होती है और हर मोसम तब और खूबसूरत हो जाता है जब हमें कुछ अछे दोस्तों का साथ मिल जाए)

  ◦ मुश्किल के वक्त साथ

- (क्लास पूरी होने क्ले बाद सभी दोस्त अपनी पसंदीदा जगह मतलब की कैन्टीन में जा कर बैठे हैं वही रोज की तरह ग्रुप ग्रुप बना कर)

- (सब बात कर रहे हैं फिजा को छोड़ कर वो बोहोत खामोश है आज पता नहीं क्यू उसकी खामोशी उसकी परेशानी बयान कर रही है)

- कादिर ने नोटिस किया की फिजा कुछ परेशान है तो उसने फिजा से पुंछ ही लिया ; फिजा , इतनी खामोश क्यू है ?

- सुल्तान ; जब से आई है तब से खामोश है ,, कुछ बात है क्या फिजा ?

- सनम ; कुछ बोल ना यार
- नूपुर ; तुझे मेरी कसम ,, बता आखिर बात क्या है ,, क्यू खामोश है तू ?

- (जब सब ने फिजा को फोर्स किया तो उसने बताया की वो घर के हालत की वजह से परेशान है क्यू की फिजा की अम्मी उसकी फीस के पैसे नहीं कर पाई हैं ,, जब से उसके पापा इस दुनिया से गए हैं तब से उसकी अम्मी के लिए सब कुछ संभालना भारी हो रहा है इस बार भाई की सैलरी लेट है अगर उसने कल तक फीस जमा नहीं की तो वो पेपर नहीं दे पाएगी और उसका अड्मिशन खतरे में पढ़ जाएगा ये सब कह कर फिजा रोने लगी)

- (पूर्वी फिजा को देख कर इमोशनल हो गई)

- सुल्तान ; भाई प्लीज रो मत तुम दोनों नहीं तो नहीं तो मुझे तुम्हारी उदासी देख कर हार्ट अटैक आ जाएगा ,, और फिजा तू ,, तूने दिखा दी न अपनी औकात

- फिजा ; मतलब ?

- सुल्तान ; मतलब ये की हम स्कूल टाइम साथ इतना टाइम हो गया हमारी दोस्ती को और तू अभी तक हमें नहीं समझी ,,और अगर आगे कोई भी प्रॉब्लेम हुई और तूने मुझे नहीं बताया तो समझ ले हमारी दोस्ती खतम

- नूपुर ; हा यार बताया देना चाहिए अगर कोई प्रॉब्लेम है तो

- सुल्तान मोबाईल में फिजा को उसका नंबर दिखाते हुए ; तेरा pay tm नंबर यही है ना ?

- फिजा ; हम्म

- वरुण ; ओ भाई सारी दोस्ती तू ही निभा लेगा क्या ?क्या हमकुछ नहीं है इसके

- सुल्तान ; मतलब ?

- वरुण ; मतलब ये की अपनी दोस्त की मदद हम भी करेंगे

- अभि ; हा यार बिल्कुल ; आखिर हमारा भी कुछ फर्ज बंता है

- विराट ; ऑब्वियसली

- कादिर ; हमारा भी कुछ फर्ज है आखिर

- (सभी दोस्तों ने ,, मतलब जीतने भी बॉय्ज़ हैं सबने फिजा को अपनी अपनी तरफ से पैसे दिए और फिजा की फीस पूरी हो गई)

- फिजा ; थैंक्स फ्रेंडस

- (सबने कहा (always वेल्कम)

- सुल्तान पूर्वी से ; वैसे मोहतरमा आप क्यू रोईं ?

- पूर्वी ; क्यू मैं रो नहीं सकती क्या ?

- कादिर ; i am fully shocked today

- पूर्वी ; क्यू ?

- कादिर ; यार तुझे रोते हुए देखा है आज मैंने

- पूर्वी ; ओ शट अप यार

- (बस इसी तरह व्यक्त गुजरा और एक महीने बाद एक बोहोत बुरी खबर सामने आई)

- (करीब रात को 12;30 बजे सुल्तान के पास अभि की कॉल आई सुल्तान ने नींद में कॉल पीक की)

- सुल्तान ; हाँ अभि बोल ,, इतनी रात को कैसे call कर रहा है तू ,, सब खैरियत तो है ना ?

- (तभी फोन पर घबराई आवाज में अभि के पापा ने कहा ; बेटा सुल्तान //

- सुल्तान हड़बड़ाते हुए ; अंकल आप ? सब खैरियत तो है न ? आप इतने घबराये हुए क्यू है ?

- अभि के पापा रोते हुए ; बेटा अभि का एक्सीडेंट हो गया है वो किसी काम से बाहर गया था किसी गाड़ी वाले ने उसकी बाइक में टक्कर मार दी उसका बोहोत खून बह गया है बेटा

- (ये सब कहते हुए अभि के पापा की रोने की आवाज और तेज हो गई)

- सुल्तान ; अंकल आप बिल्कुल भी परेशान मत होइए आप मुझे ऐड बता दें कॉन्से होपीतल ले कर गए हैं अभि को मैं आ रहा हूँ

- (अभि के पापा ने सुल्तान को अस्पताल का नाम बताया)

- सुल्तान ; अंकल में 10 मिनट में आता हूँ

(सुल्तान ने ये बात अपने घर पर बताई और अपने सभी दोस्तों को (लड़कियों को छोड़ कर)

अभि के एक्सीडेंट के बारे में जानकारी दी ,, सभी दोस्त हड़बड़ी में अस्पताल पोहोनचे और अभि का हाल जानने के लिए बेताब थे)

(अस्पताल वालोका कहना था की वो opration तब तक शुरू नहीं करेंगे जब तक अभि के घर वाले 2 लाख रुपए जमा नहीं कर देते ,, सुल्तान , वरुण ,, विराट और कादिर अपने अपने घर गए और जिस के पास जीतने रुपए थे सब ले आए ,, अपने अपने घर वालों से भी कुछ रुपए इखट्टा किए बाकी पैसे अभि के घर वालों ने किए ,,आधे घंटे में अभि के भाई ने 2 लाख रुपए अस्पताल में दिए ,, तब जा कर अभि का opration शुरू हो गया

(सुल्तान अभि के भाई को सांतवना देते हुए ; भाई सांभालिए खुद को अल्लाह उसे बेहतर कर देगा कुछ नहीं होगा अभि को इनशाल्लाह वो बिल्कुल ठीक हो जाएगा)

- वरुण ; भाई अब हमारे पास पैसे का पूरा इंतेजाम है ,, अब अभि का इलाज नहीं रुकेगा

(सब लोगों ने मिलाकर पाँच लाख रुपए कर लिए थे जिसमें से 2 लाख रुपए पहले ही अस्पताल में जमा कर लिए गए)

- उस रात अस्पताल में कोई भी नहीं सोया सब बस अभि के लिए दुआ कर रहे थे वो रात बोहोत डरावनी लग रही थी ,, वक्त गुजरना भारी लग रहा था ,,
- जब सुबह हुई तो ये बात सभी लड़कियों को पता चली की अभि का एक्सीडेंट हो गया है वो सब परेशान होती हुई अस्पताल पोहोनची)
- सनम ; ये सब कैसे हुआ ?
- सुल्तान ; कल रात अभि किसी काम से बाहर गया था तो किसी गाड़ी वाले ने टक्कर मार दी
- सनम ; परेशान मत हो ,, अभि बिल्कुल ठीक हो जाएगा
- सुल्तान एक दम से परेशान हो गया और रो कर कढ़ने लगा की ; अल्लाह मुझे चाहें कुछ भी कर दे लेकिन मेरे दोस्त को ठीक कर दे
- वरुण ने सुल्तान को रोते हुए देखा तो उसके पास आकर बोल ; पागल ये व्यक्त परेशान होने का नहीं है खुद को संभालने का है
- (बाकी सब दोस्त भी वहीं या कर खड़े हो गए जहां वरुण ,, सुल्तान ,, और सनम खड़ी थी)
- कादिर सुल्तान को गले लगा कर बोला ; तू धड़कन है हमारी और अगर तू परेशान होगा तो कैसे चलेगा मेरे भाई //
- सुल्तान ; नहीं यार ,, बस थोड़ा परेशान हूँ
- विराट ; कुछ दिन बाद अभि फिर से कैन्टीन में हमसब के साथ बैठा होगा
- कादिर ; इंश अल्लाह आमीन
- सनम ; आमीन
- फिजा ; आमीन
- (सामने से अभि के भाई भागते हुए आ रहा हैं ,, उन्होंने सब को बताया की अभि को होश आ गया है और वो तुम सब से मिलना चाहता है ,,जब सब icu के पास गए तो डॉक्टर ने कहा की सिर्फ दो इंसान ही अंदर जा सकते हैं ,, पहले तो अभि को पापा अभि से मिलने के लिए बेताब थे ,,
- वरुण ; फ्रेंडस बताओ कोन जाएगा अभी से मिलने ? मैं उसे देखने के लिए बेताब हूँ लेकिन डॉक्टर ने अभी सिर्फ 2 person को ही allow किया है
- कादिर ; सुल्तान बोहोत परेशान है फ्रेंडस ,, उसे जाने दो
- (सुल्तान और अभि के पापा अंदर आयसीयू में गए)
- अभि के पापा ने अभि का सर चूम कर कहा ; मेरा बच्चा बिल्कुल ठीक हो जाएगा अब

- सुल्तान ; इंशअल्लाह आमीन

(धीरे धीरे अभि की तबिया ठीक होने लागि हालांकि उसकी तबीयत में सुधार होने में काफी वक़्त लगा क्यू की उसकी हालत बोहोत क्रिटिकल थी संभलने में वक़्त तो लगता ही है)

(बुरे दिन के बाद एक अच्छा दिन भी आया ,, जी हाँ 3rd year के इग्ज़ैम के बाद वरुण और श्रेया की शादी फिक्स कर दी गई ,, वरुण और श्रेया ने अपने घर वालों को मनाने में कसर नहीं छोड़ी और इसी का नतीजा था की दोनों के घर वाले इस शादी के लिए राजी हुए)

वरुण और श्रेया की शादी

- (फ़रवरी का महिना चल रहा है 18 को वरुण और श्रेया की शादी है फाइनली वो महिना भी या ही गया जिसका सब बेसब्री से इंतज़ार कर रहे थे शादी का नाम सुनते ही इन्जॉइमन्ट की बात याद आती है कितना मज़ा आता है न शादी में चाहें वो किसी की भी हो)

  ◦ हल्दी वाले दिन
  ◦

,, सभी दोस्तों ने अपनी अपनी टीम बना ली सारी लड़कियां श्रेया की तरफ है और सारे लड़के वरुण की तरफ ,,सुल्तान ने विडिओ कॉल करके सभी लड़कियों को चिढ़ाना शुरू किया)

सुल्तान ; ओ भाई इतना looser इन्जॉइमन्ट कर रहे हो तुम सब ,, आर इससे अच्छा तो यहाँ पर चल रहा है सब ,, सही कहते हैं लोग लड़कों के बिना कुछ नहीं हो सकता रौनक भी नहीं हो सकती

- सनम ; शट अप ओके ,, हम लोग तुम सब से ज्यादा इन्जॉइमन्ट कर रहे हैं समझा ,, वैसे वरुण कहाँ है ? दिखाइयों उसको
- सुल्तान ; नजर लगाओगे क्या मेरे दोस्त को ,, मैं तो नहीं दिखा रहा
- (ग्रुप कॉल पर पूर्वी ने कहा ,, ओ हैलो वो हमारा भी दोस्त है समझा बचपन से उसको देखते या रहे हैं और हम नजर लगाएँगे उसको ?
- सुल्तान ; सब नहीं लगाएँगे ,, लेकिन तू जरूर लगाएगी ,, हाहाहाह
- पूर्वी ; वही या के न अपनी सेनडेल ही मारूँगी तारे को ,, समझा
- सुल्तान ; आके दिखा जरा तेरी सेनडेल के साथ तुझे भी बाहर फैंक दूंगा मैं
- ,, तभी पीछे से सुल्तान को कोसी ने आवाज सदी ,, सूक्तं सुल्तान
- सुल्तान ,, जी आया 2 मिनट में
- सुल्तान ; मैं तुम सब से बाद में बात करता हूँ बाय
- (बाय)
- ,, सुल्तान कॉल पर बात करता हुआ जा रहा है सामने से कादिर हल्दी ले कर

या रहा है ,, विराट डेकरैशन करवा रहा है कुछ लोगों के साथ और अभि कुछ सामाँ लाने बाजार गया है ,,

- कादिर तेज तेज चलता हुआ रहा है ,, तभी उप्पार डेकरैशन कर रहे लोगों ने कहा ; भैया पीछे हट जाओ जरा तुम्हारे पैर के पास बिजली के तार हैं ,, हुमने अभि आवाज दे कर कहा था न की कोई इधर ना आए

- कादिर होप लेस होते हुए ; क्या इन तारों में बिजली आ रही है ,,(तारों से बचते हुए कादिर तेज भागा और वो सीधे सुल्तान से जा कर टकराया

- सुल्तान ; मेंटल ,, पूरे कपड़े खराब कर दिए तूने मेरे

- कादिर ; भाई सॉरी यार

- सुल्तान ; गधे

- कादिर ; अबे जा के चेंज कर ले

- सुल्तान ; तेरे से पुंछ के ही चेंज करूंगा

- (पीछे से एक आंटी ने कहा ; बीटा ये क्या किया तुमने ? सारी हल्दी गिरा दी पता है कितनी मेहनत से पीसी थी हुमने ये \\

- कादिर ; सॉरी आंटी

- सुल्तान ; क्या चाची आप भी ? बेसन घोल के रख दो आप ,, वरुण को कुछ पता नहीं चलेगा

- आंटी हस्ते हुए ; बेटा तुम नहीं जानते इन रस्मों की अहमियत ,, छोड़ो कोई बात नहीं हम दोबार पीस लेंगे हल्दी

- सुल्तान ; ओके चाची

- कादिर ; एक बार फिर से सॉरी आंटी

- आंटी ; अरे कोई बात नहीं बेटा ,, अब तुम दोनों जा के कपड़े चेंज कर लो

- (ओके)

- (फाइनली हल्दी के बाद मेहंदी का फंगक्शन आया और वो भी बोहोत अछे से हुआ सब ने बोहोत injoy किया और अपने हर मोमेंट को मेमोरबल बनाया)

  ◦ शादी वाले दिन
  ◦

,,सारी लड़कियां कलरफुल कपड़ों में बोहोत खूबसूरत लग रही है

- सुल्तान हस्ते हुए ; आज तो चलते फिरते शोरूम आए हैं वरुण की शादी में

- पूर्वी ; तुमसे तो बोहोत अछे हैं हम ,, हमें तो तुम्हार लूक कभी बदला हुआ ही नहीं लगता ,, बस मुह धो लिया तो समझो हो गए तेयार
- सुल्तान ; और क्या ; हमारी पास फालतू टाइम नहीं होता ना खुद को मैन्टेन करने का
- नूपुर ; ओ रिएलि
- सुल्तान ; हनजी
- विराट हस्ते हुए ; भाई तू चुप रहा कर प्लीज हर वक़्त क्यू पंगे लेता रहता है ?
- सुल्तान ; क्यू की बिना किसी को चिंगारी लगाए मेरा दिन नहीं कट ता है न ,, कादिर को तो देख कैसे टूट टूट के कहना खा रहा है
- अभि ; बेचारे को ज्यादा भूख लग रही है लगता है
- सनम ; आर गर्ल्स चलो एक इम्पॉर्टन्ट काम करना है
- सुल्तान ; कॉनसा इम्पॉर्टन्ट काम ?
- सनम ; हम क्यू बताएँ
- (ये कह कर सनम सब गर्ल्स को अपने साथ ले कर चली गई
- अभि ; जरूर जूते छिपाने गई हैं ये वरुण के
- सुल्तान ; ओ अच्छा
- विराट ; आज तो वरुण गया
- (सभी गर्ल्स ने मिल कर जूते छिपाए जिसमें से एक श्रेया की छोटी बहन भी है जब जूते लाने वक़्त हुआ तो तो सभी गर्ल्स ने अपनी अपनी डिमाड रखी ,, नूपुर ने कहा मुझे सोने की चैन चाहिए सनम ने 12000 की डिमांड की पूर्वी ने डायमंड रिंग मांगी फिजा ने कहा मुझे एप्पल फोन चाहिए श्रेया की बहन ने कहा ; मुझे महंगा वाला लहंगा चाहिए
- वरुण सबकी तरफ हेरत से देखते हुए ; इतना खर्च तो अब तक मेरी अब तक की ज़िंदगी में नहीं हुआ यार तुम्हें कहाँ से दूँ
- सनम ; ठीक है मत दे ,, हम श्रेया को नहीं जाने देंगे
- वरुण ; तो तुम श्रेया के लिए वसूली कर रहे हो मेरे साथ
- सुल्तान ; ओ भाई सुनो ,, वरुण के जूते रखो अपने पास ,, भाई तू हवाई चप्पल पहन और चल यहाँ से ,, जीतने पैसे ये सब मांग रही हैं न तेरे से इतने में तो जूतों का शोरूम खुल जाएगा यार
- (सब हसने लगे वरुण ने वहाँ पर ये रसम पूरी की लेकिन वो सबको उनकी मुह बोली चीजों जीतने पैसे तो नहीं दे सका लेकिन उसने सब को परोमिस किया की वो इस रसम के अलावा सबकी डिमांड जरूर पूरी करेगा)

- सुल्तान और सनम की शादी नहीं हो सकी क्यू की सनम के पापा की डिमांड थी की सुल्तान को शादी के बाद सनम के घर पर रहना होगा ,, सुल्तान और उसके घर वाले इस बात पर राजी नहीं हुए और सुल्तान ने सनम के साथ रीलैशन्शिप खतम करने का फैसला लिया हालांकि उसने कहा की वो हमेशा उसके लिए दोस्त से बढ़ कर रहेगी)

- तो कुछ इस तरह इस कहानी का एंड होता है अगर आप लोग इसको पसंद करेंगे तो मैं इसका सेकंड पार्ट जरूर ले कर आऊँगी

-

- ,,ज़िंदगी का हर पल अधूरा है मेरे दोस्तों के बिना हर चाय उनके बिना फीकी सी लगती है ,,

By ; सुंबुल साबरी